AF440297

LES DERNIERES HEURES

DE

JEAN-MARIE-BAPTISTE VIANEY,

CURÉ D'ARS,

Ses paroles, sa résignation à la volonté de Dieu,

SA MORT DANS LA NUIT DU 4 AOUT,

SES FUNÉRAILLES.

Quelques détails sur sa vie. — Deuil général.

PRIX : 15 CENTIMES.

AVIGNON,

PEYRI, IMPRIMEUR - LIBRAIRE,

Rue Dorée, 8.

—

1859.

On écrit d'Ars le 2 août : « Le vénérable curé d'Ars, depuis longtemps l'édification du diocèse et de la contrée, est, en ce moment, très-sérieusement malade. Ces jours derniers, bien qu'on lui eût fortement recommandé un repos absolu, l'infatigable pasteur a voulu se rendre comme d'habitude à son confessionnal dès l'aube du jour, pour répondre aux fidèles qui arrivaient de tous côtés. Mais le corps n'est pas de fer, comme a dit un saint pontife, et le curé d'Ars a été forcé de s'arrêter dans sa course. M. Vianey est aujourd'hui souffrant et étendu sur ce pauvre grabat qu'ont vu les visiteurs d'Ars. Les yeux du saint prêtre ont toujours le feu sacré qui a soutenu son zèle, animé sa vie, et qui lui a donné des lumières si précieuses et si rares qu'elles semblent être un don divin. Mais il demande pour lui-même ces prières qu'il prodigua à tant de pèlerins et à tant d'âmes qui vinrent autour de lui chercher des consolations à leurs maux et les croyances qu'ils avaient perdues. Ce corps, si usé par les devoirs de son ministère et de la pénitence, par des privations sans nombre et des fatigues toujours nouvelles, n'a plus qu'un souffle, celui de la vie spirituelle.... »

Véritable anachorète, le curé d'Ars, qui recevait tant d'aumônes, mais qui les distribuait immédiatement, vivait avec le plus profond mépris du luxe. — Sa chambre, dont les murs sont en pisé, n'est pas même blanchie, et son lit n'est qu'un grabat. Son mobilier est des plus simples : deux chaises grossières, une table en sapin couverte de lettres et d'images, un meuble contenant un reliquaire et orné d'un enfant Jésus; un autre meuble destiné à mettre le peu de linge qu'il possède. Dessus on y voit une cruche d'eau et un morceau de pain ! Ajoutons à cela un petit crucifix avec une branche de buis et une couronne d'immortelles; quelques figures de saints et une bibliothèque, don de quelque personne pieuse.

Une dépêche de Villefranche, le 4 août, nous apporte la douloureuse nouvelle suivante :

« M. le curé d'Ars est mort cette nuit. »

Un article de M. l'abbé Monnin, publié dans les journaux de Lyon et de Bourg, donne les intéressants détails qui suivent sur les derniers moments du vénérable curé d'Ars :

« Rien ne faisait pressentir encore sa mort, tant on était habitué à jouir de lui, à croire au miracle de sa conservation ; tant il avait eu soin, lui même, le bon vieillard, de dissimuler jusqu'au dernier instant les défaillances de la nature. On avait su seulement qu'en se levant au milieu de la nuit pour retourner auprès de ses chers pêcheurs, il était tombé plusieurs fois de faiblesse dans sa chambre et le long de son escalier. Et quand on avait remarqué que cette toux aiguë dont il souffrait depuis vingt-cinq ans, était plus continuelle et plus déchirante, il s'était contenté de répondre en souriant : *C'est ennuyeux, çà me prend tout mon temps !*

» Il avait donc épuisé dans cette lutte suprème des derniers jours, dans ce duel à outrance contre les infirmités de l'âge, tout ce qui lui restait de forces. Et quand la mort est venue, il n'a eu à lui livrer que ce que son âme n'avait pu lui disputer, ce que l'ardeur de son zèle ne pouvait plus défendre contre elle : des membres brisés de travaux, de macérations et de veilles, une chair affaiblie par une lente et cruelle immolation, un corps qui donnait, à force de transparence, l'idée de ce que les anciens appelaient une *ombre*.

» Cette fin n'a pas eu d'autre caractère que son étonnante simplicité. Le bon saint a voulu être modeste dans sa mort comme il l'avait été dans sa vie. Beaucoup se seraient attendus à voir se manifester à cette heure suprême ces transports d'amour, ces ravissements, ces accents enflammés et ces saintes larmes dont la source était devenue de jour en jour plus abondante ; mais rien de tout cela. On eût dit qu'il voulait continuer à se cacher, à s'envelopper le plus possible d'ombre et de silence. Il a eu la mort qu'il aurait préférée s'il avait eu la liberté du choix. On a retrouvé jusque dans les solennités du dernier moment l'homme habitué à vivre dans cette atmosphère de gloire et de vénération qui l'entourait, aussi calme, aussi simple, aussi tranquille, que s'il avait été seul. Tant le surnaturel et le divin étaient en lui comme naturalisés ! Un grand écrivain catholique a dit que l'homme allait rarement au bout de lui-même. Cet effort impossible il l'avait accompli. Il est tombé sans forces et sans voix, presque anéanti, avec la connaissance pourtant qu'il a gardée entière jusqu'à la fin, et une parfaite sérénité d'esprit, privilége bien remarquable pour qui sait jusqu'à quel degré la crainte de la mort et la terreur des jugements de Dieu agitaient cette âme si généreuse et si pure.

» Voici les détails que nous avons pu recueillir. C'est samedi 30 juillet, vers une heure du matin, que, voulant se lever pour se rendre à l'église, il s'aperçut d'une insurmontable faiblesse. Il appelle, on arrive. — Vous êtes fatigué, M. le curé? — Oui, je crois que c'est *ma pauvre fin*. — Je vais chercher du secours? — Non, ne dérangez personne, ce n'est pas la peine. Le jour venu, il ne parla point de célébrer la sainte messe et commença à condescendre à tous les soins qu'il avait jusque-là repoussés. Ce double symptôme était grave. — Vous souffrez bien, lui disait-on. — Un signe de tête résigné était sa réponse.

» On aurait peine à se figurer la consternation que produisit l'absence de M. le curé, quand le matin on ne le vit pas sortir de *son* confessionnal à l'heure ordinaire. Une douleur

profonde se répandit de proche en proche.
Cette douleur, plus expansive chez les uns,
plus concentrée chez les autres, avait une ex-
pression particulièrement touchante chez quelques personnes dont l'existence s'était plus
intimement entrelacée à la sienne.

» Pendant trois jours, tous les moyens que
la pitié la plus ingénieuse peut inspirer, furent mis en œuvre pour fléchir le ciel ; mais
les desseins de Dieu de couronner son grand
serviteur devenaient toujours plus manifestes.
Mardi soir, il demanda à être administré. La
Providence avait amené, pour cette heure, afin
qu'ils fussent témoins de ce grand spectacle,
des prêtres venus des plus lointains diocèses.
La paroisse entière y assistait. On vit des larmes silencieuses couler des yeux du saint malade lorsque la cloche annonça la suprème vi-
site du maître qu'il avait tant adoré. Quelques
heures plus tard, il en répandit encore, ce
furent les dernières, des larmes de joie ; elles
tombèrent sur la croix de son évêque !

» Monseigneur de Langalerie, averti provi-
dentiellement des progrès du mal, arrivait
haletant, ému, priant à haute voix, fendant la
foule agenouillée sur son passage. Il était
temps. La nuit même qui suivit cette sainte et

touchante entrevue, à deux heures du matin, sans secousse, sans agonie, sans violence, Jean-Baptiste-Marie Vianey s'endormait dans le Seigneur, pendant que le prêtre, chargé de réciter les prières de la recommandation de l'âme, murmurait ces paroles : « *Veniant illi obviam* » *sancti angeli Dei et perducant eum civita-* » *tem celestem Jerusalem !* Que les saints anges » de Dieu viennent à sa rencontre et l'intro- » duisent dans la céleste Jérusalem ! »

» La triste nouvelle s'était bien vite répandue, et le 6, plus de 10,000 personnes assistaient aux funérailles. Mgr de Langalerie présidait la cérémonie funèbre au milieu d'un grand concours d'ecclésiastiques accourus de tous les points du département pour honorer celui qui s'était fait si humble pendant sa vie, et dont la mort, qui sera un deuil universel pour l'univers catholique, laissera un vide immense dans les contrées voisines de la paroisse que le vénérable prêtre administra pendant 41 ans. »

RÉSOLUTION NOUVELLE.

Nous faisons à sainte Philomène une neuvaine pour lui demander de nous obtenir de Dieu une grâce. Pour la mériter, nous avons pris la résolution de mieux vivre. Nous n'avons pas, dans cette résolution, à changer les occupations qui remplissent nos jours, c'est l'intention, c'est le but qui doivent être amendés. Le travail est la peine imposée à notre existence ; travaillons pour nous soumettre à la volonté de Dieu, et pour payer la quote-part que nous devons dans ce monde Surtout si, par notre situation, nous assurons les moyens d'existence d'autrui, travaillons pour le mettre toujours à même de subvenir à ses besoins.

Le travail sera alors une sainte action; il sera agréable à Dieu, et, s'il est une œuvre servile, conformons-nous aux prescriptions de la loi divine, sanctifions et faisons sanctifier, par notre exemple, les jours consacrés au Seigneur.

Chaque fois que nous le pourrons et que l'occasion s'en présentera, faisons de bonnes œuvres. Ce régime apporté dans notre vie ne tardera pas à nous procurer un calme et une satisfaction que nous chercherions en vain dans toutes les préoccupations du monde.

Dieu a manifesté par des miracles combien sainte Philomène lui était agréable; prenons-la, dans nos peines et les traverses de cette vie, pour avocate auprès du Tout-Puissant, et nous obtiendrons aide et secours. Ayons toujours sur nous la médaille de cette grande sainte pour nous en souvenir sans cesse, et recourons à elle par un *Pater* et un *Ave.* Enfin, prions celle dont la volonté pour aller à Dieu était si forte, de nous obtenir les lumières qui nous sont nécessaires pour suivre la bonne voie et nous y maintenir jusqu'à l'heure où il plaira à Dieu de nous appeler dans l'éternité.

Prière. — *Notre Père...* — *Je vous salue, Marie ..* — *Je crois en Dieu.*

PRIÈRE.

Seigneur, qui avez bien voulu nous éclairer des lumières de la foi, faites-nous vivre d'une manière conforme à l'Evangile qui nous a été prêché, afin que nous obtenions les récompenses éternelles. Ainsi soit-il.

CANTIQUE

SUR

Jean-Marie-Baptiste VIANEY.

Chantons un héros plein de zèle,
Pour le service du Seigneur;
Par sa vertu, la gloire immortelle
Sera le prix de sa ferveur.
Et par un hommage sincère,
Osons, en ce jour, exalter
Celui qu'une vertu austère
Porta toujours à s'abaisser.

Jean-Marie, dès son jeune âge,
Montra de pieux sentiments;
Dédaignant le plaisir volage,

Il offre à Dieu tous ses instants.
Il réunit, dès sa jeunesse,
A la candeur d'un chérubin,
La prudence de la vieillesse
Et la ferveur d'un séraphin.

Docile à la voix qui l'appelle,
Loin de ce monde dépravé,
Vianey se rend prompt et fidèle
Au saint lieu où il fut consacré.
Là, par une vie exemplaire,
Il s'efforce de mériter
Les grâces que le ciel confère
A ceux qui savent le prier.

En chaire, nouveau Jean-Baptiste,
Marie, à l'autel est un saint ;
Au tribunal, rien ne résiste
A l'ardeur de son feu divin.
Il parle, il opère en apôtre,
En prophète, il voit l'avenir ;
Dur pour lui, doux pour d'autres
Il fait de lui-même un martyr.

Oh ! tendre pasteur ! oh ! bon père !
Ange du ciel ! veillez sur nous !
Et près de Dieu, ange tutélaire !
De vos enfants souvenez vous.
Préservez-nous des artifices
Qui nous sont tendus nuit et jour,
Pour nous faire atteindre aux délices
Du ciel l'immortel séjour.

Prière à Sainte Philomène.

Sainte Philomène, modèle des vierges, qui avez souffert le martyre le plus grand et le plus doulou-reux pour conserver votre pureté, veillez sur moi, ma sainte protectrice, afin que je ne tombe pas dans le péché; priez le Seigneur pour qu'il répande sa sainte bénédiction sur le vénérable pasteur, qui est notre étoile de salut sur cette terre; priez-le, afin qu'il lui donne une longue vie et qu'il passe sans souffrance au royaume des élus; nous vous en prions, par les mérites de Jésus-Christ. Ainsi soit-il.